Haiku · Neue Folge

D1870586

# Haiku

## Japanische Dreizeiler

## Neue Folge

Ausgewählt und aus dem
Urtext übersetzt von
Jan Ulenbrook

Philipp Reclam jun.
Stuttgart

Universal-Bibliothek Nr. 9690
Alle Rechte vorbehalten
© 1998 Philipp Reclam jun. GmbH & Co., Stuttgart
Gesamtherstellung: Reclam, Ditzingen. Printed in Germany 2004
RECLAM und UNIVERSAL-BIBLIOTHEK sind eingetragene Marken
der Philipp Reclam jun. GmbH & Co., Stuttgart
ISBN 3-15-009690-1

www.reclam.de

Schläft ein Lied in allen Dingen,
Die da träumen fort und fort,
Und die Welt hebt an zu singen,
Triffst du nur das Zauberwort.

Joseph von Eichendorff

# Zu Neujahr

Am Neujahrsmorgen
Auf stillem Felde blieben
Die Lichter übrig.

*Shiki*

Im Morgengrauen
Am stillen Meer auf einmal
Die ersten Krähen.

*Arô*

Vom Neujahrshimmel
Als Glückwunsch leichter Schnee doch
Herniederrieselt!

*Issa*

Zum neuen Jahre
Die Reihe Berge dort nun
Nichts weiter als Schnee.

*Saisei*

Am Neujahrstage
Verdorrte Astern frieren
Im Garten vorne.

*Shiki*

Am Neujahrstag selbst
Steht dort doch unverändert
Der Lumpensammler!

*Issa*

Als Kronjuwelen
Zum Jahresanfang wieder –
Die alten Läuse!

*Issa*

Zum Neujahrshimmel
Die Begleitmusik machen
Wie einst die Spatzen.

*Issa*

Am Neujahrstage
Macht ganz allein mir schmutzig
Den Schoß der Kater.

*Jakurô*

Es ward gescholten
Und schloß das Aug der Kater:
Des Frühlings Nahen.

*Mantarô*

Die ersten Krähen
Das Dach verlassen haben:
Ein guter Anfang.

*Hyakken*

Selbst vor dem Tore
Der Klause wird gefeiert
Des Winters Wende!

*Bonchô*

# Zum Frühling

Das kahle Astwerk
Durchrieselt, durchrieselt nun
Der Schnee des Frühlings.

*Tatsuko*

Das Blatt am Schilfgras,
Das grad herauskam, brach ab
Im Schnee des Frühlings.

*Kyoshi*

Der Schnee am Schmelzen
Und am umwölkten Berge
Da krächzen Krähen.

*Gyôdai*

»Der Schnee, er schmilzt nun,
Er schmilzt, er schmilzt nun«, so gurrt
Vom Baum die Taube.

*Issa*

Der Ostwind bläst schon
So hart und, ach, so trocken
Den sanften Abhang.

*Issa*

Des Frühjahrs Würger
Am Fels so langsam naß wird
Im Nebelbrauen.

*Shûson*

Das junge Gras läßt
Die Wurzeln fast vergessen
Vom Weidenbaume!

*Buson*

Am dürren Baumstumpf
Ganz unten wie im Nebel
Ein zarter Schößling!

*Shiki*

Das Grün der Weiden
Entlang der Höhenstraße
Auf hundert Meilen!

*Shirô*

Als ich vom Saal aus
Die Weiden draußen ansah,
Die Kätzchen flogen!

*Seiha*

Die Weidenkätzchen
Dem Schnee am hohen Bergkamm
Der frische Firnis.

*Seishi*

Von Weidenkätzchen
Im Wasser Flocken schwimmen,
Die ledig blieben.

*Kyoshi*

Das Blatt der Weiden
Am Saumpfad so erlesen
Im Abendregen.

*Shira-o*

So tropfenweise
Der Regen nun hereinweht
Zum Bambusvorhang.

*Shiki*

Als ich hinaustrat,
Berührte mich allein nur
Der Mond des Frühlings.

*Teijo*

So ganz allmählich
Die Krähen schwärzer werden
Am Frühlingsfenster.

*Yaha*

Verliebte Katzen
Sich dort im Schnee anspringen
Auf dunklem Felde.

*Takako*

In Kyôtôs Straßen
Durchstreift doch nachts der Kater
Die Freudengasse.

*Kikaku*

Du, alter Kater,
Geh rasch, ja geh nur schleunigst,
Die Gattin ruft dich!

*Issa*

Auf beiden Seiten
Der Schnurrbart noch gewachsen
Verliebten Katzen!

*Buson*

Ach, wie entsetzlich:
Die Mauer rissen doch ein –
Verliebte Katzen!

*Shiki*

Das Frühjahr kalt, ach,
Und oft sich stoßend geht schon
Der blinde Hund aus.

*Kijô*

Der Ostwind weht lau
Und auf den Deichrand legt nun
Der Hund das Kinn hin.

*Issa*

Zum Ruch des Frühlings
Der Hund auf seiner Matte
Die Zunge ausstreckt.

*Buson*

Ganz kugelrund, oh,
Und langsam kommt herauf dort
Die Frühlingssonne!

*Sôkan*

Beim Acker seh ich
Am niedren Erdwall Zedern
Im Frühlingsregen.

*Shiki*

Dem kahlen Astwerk
Des Frühlings Regentropfen
So eng verbunden.

*Tatsuko*

Im Frühlingsregen
Setzt auf den Erdwall sich nun
Die Nebelkrähe.

*Shiki*

Im Frühlingsregen
Läßt zwischen Bäumen sich sehn
Der Weg zum Meere.

*Otsuji*

Das Meer im Frühling
Den lieben, langen Tag durch
Ein Auf und Ab nur.

*Buson*

Beim Abenddämmern
Dort auf dem Naß des Reisfelds
Der Mond des Frühlings.

*Sôkyô*

Im Frühlingswinde
Schlappt doch ein Mäuschen Wasser
Am Fluß Sumida.

*Issa*

In dieser Mondnacht
Erhebt sich dort am Felsen
Der Ruf der Frösche.

*Rankô*

Vom Frühlingsregen
Der runde Bauch des Frosches
Nicht einmal naß ward.

*Buson*

Im Mondschein hörte
Die Frösche man noch lange
Im flachen Reisfeld.

*Buson*

Als eben jemand
Die Brücke überquerte,
Die Frösche schwiegen.

*Ryôtô*

Der Wasservogel
Den Schnabel auf die Brust legt
Und schläft so schwimmend.

*Ginkô*

»Den Grund des Wassers
Sah ich«, sagt uns die Miene
Der Löffelente.

*Ryôta*

Die Binsenhalme
Zur Rechten und zur Linken
Sich tief verneigen.

*Kyoshi*

All die verschiednen,
So schwierigen Namen, ach,
Der Frühlingsgräser!

*Shadô*

Im Heimatdorfe
Hat sich vernehmen lassen
Der Schlag der Lerche!

*Issa*

Es schlägt die Lerche,
Die hoch im Kiefernwind steht
Und bald herabstürzt.

*Shûôshi*

Ist jeden Morgen
Dieselbe Lerche denn wohl
Am Dach des Himmels?

*Jôsô*

Auch bei dem Flußkahn
Erhebt der Schlag der Lerche
Bald rechts, bald links sich.

*Rankô*

Im Weltgetriebe
Auch so ein kleiner Vogel
Sein Nest sich baute.

*Issa*

Zum Pflaumendufte
Ging plötzlich die Sonne auf
Im engen Bergpaß.

*Bashô*

In allen Ecken
Blieb noch die Kälte zurück
Als Pflaumenblüte.

*Buson*

Mein Frühling aber
Das allerhöchste Glück, ach,
Die Pflaumenblüte!

*Issa*

Als Licht ich machte,
Das Herz der Pflaumenblüte
Leicht sichtbar wurde.

*Gyôdai*

Die Pflaumen blühen
Und am Fenster der Kater –
Die Silhouette.

*Issa*

Nun für die Puppe
Als rote Kopfbedeckung
Die Pflaumenblüte.

*Buson*

Die Pflaumenblüte
Ein Duft aus alten Zeiten
Jenseits der Hecke.

*Buson*

Die Pflaumen blühen
Und Gürtel kauft im Laden
Das Freudenmädchen!

*Buson*

Sogar beim Lachen
Macht sich das Mädchen Sorgen
Um seine Linie.

*Yôkichi*

Die Geisha möchte
Gern auf dem Felde sehen
Das kleine Veilchen.

*Ryôtô*

Im Frühlingswinde
Der Freund des jungen Mädchens
Mit seinem Kurzschwert.

*Issa*

Die Pflaumenblüte
Fällt ab und überschüttet
Den Tisch mit Perlmutt.

*Buson*

Dem Flurenbuddha
Das rosarote Käppchen
Die Pflaumenblüte.

*Issa*

Beim Dunkelwerden
Vom Tempel noch herabkommt
Ein Mann im Frühling.

*Gyôdai*

Der Frühlingsmond dort
Ins Düster doch herabhängt
Ganz in der Nähe!

*Fûsei*

Die Nachtigall, horch,
Dort hinterm Weidenbaume
Im Buschwerk vorne.

*Bashô*

An jedem Morgen
Sogar die Nachtigall singt
Zu ihrer Übung!

*Issa*

Die Nachtigall, sieh,
Die dort dem Dorn entschlüpft ist,
Zum Himmel auffliegt!

*Buson*

Von Nachtigallen
Auf menschenleeren Feldern
Das ferne Flöten.

*Ryôta*

Im tiefen Talgrund
Die Nachtigallen schlagen
Im Abendnebel.

*Shûôshi*

Ganz überraschend
Kommt auch die Kirschenblüte
In einer Mondnacht!

*Michihiko*

Der Morgenstern, sieh,
Und Kirschenblüten setzen
Dem Berg die Haartracht.

*Kikaku*

Beim Morgengrauen
Im Tau so siegestrunken
Die wilden Kirschen!

*Arô*

Von welchem Baume
Die Blüte, ich weiß es nicht –
Doch welch ein Duft nur!

*Bashô*

Als ich vorgestern
Die Berge überquerte,
Die volle Blüte!

*Kyorai*

Seit zwei, drei Tagen
Vom Mückennetz der Ruch nun
Des Regendunkels.

*Rôka*

Voll süßen Duftes
Die Anisblüte aufging
Trotz all des Regens.

*Buson*

Der erste Falter,
Der auf dem Weg vorausfliegt,
Wird bald erschöpft sein.

*Shûôshi*

In dieser Welt, ach,
Das Leben des Falters sogar
Ist so geschäftig!

*Issa*

Es fliegt der Falter
Zum Grün des Kirschbaums auch nur
Am Seil des Innern.

*Issa*

In voller Blüte
Der Berg nun alle Tage
Bei Tagesanbruch!

*Bashô*

Vor Weltgetriebe
Sah ich drei Tage lang nicht
Die Kirschenblüte.

*Ryôta*

Das zweite Leben,
Das möchte ich erleben
Als Kirschenblüte!

*Bashô*

Zur Blüte abends
In diesem, jenem Hause
Die Lauten rufen.

*Kusadao*

Als ich zurücksah,
Am kühlen Abend Blüten
Im wilden Kirschbaum.

*Raizan*

Beim Fall des Regens
Noch jemand dort zurückblieb
Im Blütenschatten.

*Issa*

Am Berg der Mond doch
Den frechen Blütenräuber
Mit Glanz beehrte!

*Issa*

Dort die Narzissen,
Als ich zum Tor hinaustrat,
Und Fluß und Mondnacht.

*Shikô*

In den Narzissen
Die Füchse sich vergnügen
In später Mondnacht!

*Buson*

Die Nachtigall nun
Am Berge vorn mehr und mehr
Im Regen hören.

*Shûôshi*

Ein wenig schwach noch
Die Sonne ins Fenster scheint
Im fünften Monde.

*Shiki*

Des Rapses Blüte
Im kleinen Fenster dort ist –
Des Hausrats Prinzeß!

*Sôchô*

In meiner Klause
Vom Rübsen das Keimblatt ist –
Mir Blütenfrühling!

*Issa*

Am Maulbeerbaume
Nun Morgen für Morgen schon
Die ersten Blätter!

*Issa*

So fremd, so fremd, ach,
Das Haus, wo ich geboren,
Heut früh im Frühling.

*Issa*

Mein ganzer Frühling:
Nun zu dem einen Bambus
Der Weidenzweig noch.

*Issa*

Im Frühlingsregen
Sich Spatzenschnäbel öffnen
Zuerst am Eßtisch.

*Issa*

Im jungen Grase
Ich und die Spatzenkinder
Nichts als nur spielen!

*Issa*

Der Große Buddha
So leise vor sich hindöst
Am Frühlingstage.

*Shiki*

Die Spatzenkinder
Auf Buddhas Schultern rufen
Auf ihre Weise.

*Issa*

Dem Großen Buddha
Flog aus der Nase heraus
Ein Mauersegler!

*Issa*

Die schwarzen Schwalben
Nun dort in Reihe sitzen
Wie das so üblich.

*Kusadao*

Die Felsenschwalben
Rotbraunen Schlamm im Hin und Her
Am Nest verteilen.

*Shûôshi*

Im späten Frühling
Am Strom den weißen Schnellen
Voll Trauer nachsehn.

*Seishi*

So Schritt für Schritt und
Wie gedankenverloren
Der Frühling hingeht.

*Buson*

# Zum Sommer

Die kurze Nacht, ach,
Blieb in der Furt zurück als –
Ein Stückchen Mondlicht.

*Buson*

Wenn kurz die Nächte,
Des Hirsches Antlitz auftaucht
Dort in der Hecke!

*Issa*

Im Junimondschein
Hallt es von Nachtigallen
Am wilden Gießbach.

*Suiha*

Zum Abendmondschein
Ach, schreien dort im Schmortopf
Die Weinbergschnecken.

*Issa*

Nun auf dem Markte
Die Sachen alle doppelt
Im Sommermondlicht.

*Bonchô*

Im Morgennebel
Vom Dorf mit tausend Häusern
Der Lärm des Marktes.

*Buson*

Der Lärm des Marktes
Nun still geworden und auch –
Der Rasen dürrer.

*Midori-jo*

Vorm Hause draußen
Strohmatten noch sich flechten
Im Sommermondlicht.

*Shiki*

Zum Zeitvertreibe
Viel leeres Stroh noch klopfen
Im Sommermondschein.

*Issa*

Die junge Nixe
Sich doch des Nachts verliebte
Ins Sommermondlicht.

*Buson*

Im sechsten Monde
Die Haufenwolken stellte
Der Föhn der Berge.

*Bashô*

Die Wasservögel
Hat dicht zusammengefegt
Der Föhn der Berge.

*Buson*

Die Entengrütze
Dort drüben heute morgen
Am Ufer aufging.

*Otsuyû*

In Wasserlinsen
Bewegt sich hin und her doch –
Ein Schildkrötenkopf!

*Shiki*

Im alten Weiher
Die Entengrützeblüte
Nun voll erblüht ist.

*Shiki*

Um Sommerbäume
Bei den zwei schroffen Bergen
Die Wolken quellen.

*Rimpû*

Den Riesenbaum, oh,
Sah ich, als ich zurückkam
Aus Sommerbergen.

*Rankô*

Der Schrei der Elster
Und sonst nichts weiter im Grün
Der Sommerbäume.

*Issa*

Wo sich der Zweig senkt,
Der Eichelhäher nächtigt
Beim Quell am Waldrand.

*Dakotsu*

Am Feiertage
Im Dorf das Hühnerkakeln
Um Sommerbäume.

*Buson*

Im Morgengrauen
Vom Lichtschein überflutet
Die Saforblüte!

*Ryûtei*

Die schönsten Falten
Hat prunkend zur Schau gestellt
Die Klatschmohnblüte!

*Saimaro*

Die Hortensie, oh:
Dem Busch im kleinen Garten
Das Extrazimmer!

*Bashô*

Vom Silberwandschirm
Gleich einem leisen Glühen
Die Bauernrosen.

*Shiki*

Wie ganz von selber
Sogar das Haupt sich senkte
Vor Bauernrosen.

*Issa*

Auf solchem Labkraut
Ein solcher Schmetterling doch
Geboren wurde!

*Issa*

Von der Päonie,
Als sich der Mann aufreckte,
Ein Falter aufflog!

*Sekitei*

Im Sommerregen
So ab und zu beim Bambus
Ein Falter auftaucht.

*Chora*

Der schwarze Falter
Umkreist das Bronzestandbild
Beim Abenddämmern.

*Sanki*

Die Schmetterlinge,
Als sie sich heimlich trafen,
So kühl und höflich.

*Kijô*

Die Lotosblüte
Geht so verlassen dort auf
Beim alten Bahnhof.

*Shiki*

Ein Paradies ist
Die rote Lotosblüte
Dem jungen Mädchen.

*Shiki*

Die Lotos blühen
Beim Küfer in der Gasse
Am Straßenende.

*Mantarô*

Die wilden Rosen
Am Weg zum Heimatdorfe
Sehn sich so ähnlich.

*Buson*

Die alte Heimat,
Als ich ihr nahte, rührte –
Durch Rosenblüten!

*Issa*

Die Deutzienblüten
So weiß um Mitternacht wie –
Der Strom des Himmels.

*Gonsui*

Vom Tulpenbaume
Die Blüten abgefallen,
Als Regen aufkam.

*Takashi*

Im Regenschauer
Läuft rasch am Bambus runter
Die Roßameise.

*Jôsô*

An alter Mauer
Im Eck bewegungslos sitzt
Die schwangre Spinne.

*Shiki*

Ganz satt gefressen
Trollt sich mit leichtem Tapptapp
Das Kind der Krähe.

*Sujû*

Die Pferdebremse
Sich einfach bei mir einfand
Auf altem Saumpfad.

*Shiki*

Der Weggefährte
War nur die Pferdebremse
Und niemand weiter.

*Issa*

Die Kreuzwegpredigt
War auch ein Kauderwelsch nur
In all der Stille.

*Issa*

Beim Gräserkauen
Hat auch das Maul des Pferdes
Noch seinen Rhythmus.

*Gokason*

Als es sich vollfraß,
Da war des Pferdes Auge
So voller Sanftmut.

*Tessenka*

Beim Schein des Blitzes
Zum Großen Buddha beten
Auf weiter Heide.

*Kakei*

Des Donners Stimme
Hat durch den Sommerregen
An Kraft gewonnen.

*Shiki*

Trotz Donnergrollen
Versammeln sich zum Wettkampf
Dort die Fasanen.

*Issa*

Von beiden Eltern
Die ungebrochne Liebe:
Fasanenrufe!

*Bashô*

Und nun auch das noch:
Als Blitz aus heitrem Himmel
Der Ruf des Kuckucks!

*Issa*

Nach solchem Regen
Wie immer unausweichlich
Die Kuckucksrufe.

*Issa*

Orangenbäume
Und hier und dort im Felde
Der Ruf des Kuckucks.

*Bashô*

Zum Kuckucksrufe
Sich Azaleen stecken
An seinen Strohhut.

*Issa*

Der kleine Kuckuck
Ruft schon bei Tagesanbruch
Ins Meeresrauschen.

*Shira-o*

Geh nicht, ach, geh nicht,
Ich bin doch dein Gefährte,
Du grauer Kuckuck!

*Issa*

Wenn ich einst sterbe,
So ruf an diesem Tage,
Du, grauer Kuckuck.

*Issa*

Der Ruf des Kuckucks
Im Morgengrauen vom Schirm,
Dem neu gekauften!

*Kikaku*

Mit einem Rufe
Den Strom doch überquert hat
Der kleine Kuckuck!

*Bashô*

Der kleine Kuckuck
Ruft dort am Seegestade
In Wellenkämme.

*Gyôdai*

Ganz unerwartet
Rief doch am Regentage
Der graue Kuckuck.

*Buson*

Beim alten Hause
Die fünf Fuß hohe Iris
Doch abgebrochen!

*Shiki*

Am Regentage
Zum Tor auf Händen tragen
Die Irisblüten.

*Shintoku*

Im Regenschauer
Da greift nach Gras und Blatt
Die Schar der Spatzen.

*Buson*

Vom Regenschauer
Im Laubfroschantlitz schließlich
Nichts als drei Tropfen.

*Shiki*

Der Regenschauer –
Ob er wohl glücklich machte
Die Weinbergschnecke?

*Issa*

Vom Blatt des Grases
Fällt doch heraus und fliegt auf
Der kleine Glühwurm!

*Bashô*

Im alten Kuhstall
Sah ich im Heu des Mittags
Den kleinen Glühwurm.

*Gonsui*

Vom roten Wallach
Aus der Nase geblasen
Ein kleiner Glühwurm!

*Issa*

Bei Tag besehen
Ein roter Nackenfleck nur
Das Himmelswürmchen.

*Bashô*

Mit leichtem Schaukeln
Fliegt nachts der Glühwurm eilends
Zum alten Teetopf.

*Issa*

Bei Tagesanbruch
Umkreist den alten Burgwall
Der Schrei der Enten.

*Kyoroku*

Im Wassergraben
Sich junge Enten tummeln
Im Sonnenlichte.

*Shiki*

Ein Regenschauer –
Und um das Haus da rennen
Die Enten schnatternd.

*Kikaku*

An weißer Mauer
Flog die Libelle vorbei
Im Sonnenglaste.

*Shôha*

Die Enten schnattern,
Die auf dem Feld im Finstern
Sich niederlegten.

*Shiki*

Ein Königsfischer
Im stillen Weidenbaume
Am tiefen Dorfteich.

*Shiki*

Im See das Wasser
Hat langsam steigen lassen
Der Sommerregen!

*Kyorai*

Den Sommerregen
Der Himmel nun herabbläst
Zum Ôi-Flusse.

*Bashô*

Die Fischerhütte
Und kleine Krabben mischen
Dort mehr und mehr sich.

*Bashô*

Für Krabbenaugen
Auch alle Menschenwesen
Nur seitwärts kriechen.

*Kenkabô*

Nur tropfenweise
Der Morgenregen rieselt
Zur Hundstagshitze.

*Shiki*

Trotz Sommerhitze
Er sich die Astern aufzieht,
Der alte Meister!

*Shiki*

O diese Kühle:
Im Loch der Steinlaterne
Die weite See dort.

*Shiki*

Den eignen Schatten
In seichter Furt durchwaten:
O welche Kühle!

*Buson*

O diese Kühle:
Nachdem das Nachtlicht erlosch
Des Wassers Murmeln.

*Shiki*

Beim Zedernkübel
Sah Blumen ich und mehr noch
Im Mittagsschlafe.

*Issa*

Das kleine Stiefkind
Beim Mittagsschlafgeschäfte:
Dem Läusesuchen!

*Issa*

In meinem Hause
Da brauch ich nur zu flöten,
Daß Mücken kommen.

*Issa*

Die Eintagsfliege
Ist für ein bißchen Welt nur
Geboren worden.

*Kenkabô*

Von ihrem Kummer
Erzählte heut die Qualle
Der Seegurke rasch.

*Shôha*

Der Weg der Emsen
Dort von den Haufenwolken
Die Fortsetzung nur.

*Issa*

Im Reich der Emsen
Sind alle nur Arbeiter
Und gar nichts weiter.

*Torakô*

Die Nachtigall noch
Den ganzen Tag die Bauern
Von weitem hören.

*Buson*

Zum Felderhacken
Die Vögel dennoch singen
Im Bergesschatten.

*Buson*

Im Reisbeet doch dort
Wie von Indra und Brahma
Die Spur der Füße!

*Yaha*

Die Nachtigallen
Am klaren Sturzbachwasser
Schon stiller werden.

*Shirô*

Der Mond geht unter
Beim Dorf am Fluß im Röhricht
Voll weißer Blüten.

*Shiki*

Ein Vogel sang noch,
Die Berge wurden stiller
Beim Sommerfarnkraut.

*Shiki*

Die Schar der Spatzen
Zur Flöte aus Weizenstroh
Bald tanzen dürfte.

*Issa*

Der Herbst kommt näher:
Am Lichte nun die Mücken
Schon seltner werden.

*Kyoshi*

# Zum Herbst

An diesem Tage
Um hohe Eichenwipfel
Sternklare Mondnacht.

*Shiki*

Als Muschelschale
Kommt aus den Bergen heraus
Der Mond des Herbstes!

*Issa*

Zum Heimatdorfe
Kommt stracks hereingeströmt
Der Strom des Himmels.

*Issa*

Der Strom des Himmels
Zur hohen Steinlaterne
Herunterhängt doch!

*Shiki*

Der Strom des Himmels
Umfängt die Hinterbeine
Vom Hund, der einschlief.

*Shûson*

Der Trichterwinde
Nur eine Blüte aufging
Bei dieser Hitze.

*Shiki*

Die Trichterwinde,
Kaum daß die aufgegangen,
Schon welk geworden.

*Kokushi*

Der Ackerwinde
Zertritt die zarte Blüte
Ein blinder Sperling.

*Gyôdai*

Die Windenblüte
Läßt kleine Runzeln sehen
Bei dieser Hitze!

*Shiki*

»Wo soll demnächst ich
Noch hingehn«, denkt so für sich
Die Bohnenranke.

*Kijirô*

Vom zweiten Haus aus
Sah durch die Türöffnung ich
Des Herbstes Berge.

*Michihiko*

Wohl fünf- bis sechsmal
Sich Farben mischen möchten
Am Bambusvorhang.

*Ransetsu*

Aus Märchenlanden
Das Rot der Apfelsinen
Vor kleiner Hütte.

*Sôkyô*

Zerstreut im Blattwerk
Sich die Zitronen zeigen
Im späten Monde.

*Shiki*

Vom wilden Bergbach
Das Rauschen rollt und rollt nun
Durch Herbstesleuchten.

*Tatsuko*

In stiller Klause
Der Schattenseiten Anfang:
Des Herbstes Fliegen.

*Jôsô*

Vor meiner Türe
Verwickeln sich die Boote
In Wasserpfeffer.

*Shiki*

In seinem Glase
Der Goldfisch baß erstaunt blickt,
Daß heute Herbst ist.

*Buson*

Von Vogelscheuche
Zu Vogelscheuche huschen
Die kleinen Spatzen.

*Sazanami*

Am Pferdeapfel
Im Herbst zum Atemholen
Ein gelber Falter!

*Shiki*

In Ackerwinden
Wohnt nun bereits seit langem
Des Nachts der Mondschein.

*Issa*

Die Ackerwinden
So nach und nach erglühen
Zur Zeit am Findling.

*Issa*

Die Ackerwinde
Preßt um den Grashalm sich nur,
Um aufzusteigen.

*Issa*

Die Windenblüte
Für mich bei allem Malen
Die Mitte bildet.

*Shiki*

Der Trichterwinde
So bunte Farbenspiele
Sich nun erschöpfen.

*Shiki*

Nun von den Grillen
Im ersten Morgengrauen
Des Zirpens Spannung.

*Hyakken*

Im Einzelbaume
Sich die Zikaden sammeln
Dort auf dem Acker.

*Shiki*

Den halben Tag lang
Vom stillen Zürgelbaume
Zikadenrufe!

*Buson*

Wie so eindringlich
Des Abends die Zikaden
Mitleid erregen.

*Issa*

Im Schlaf sich drehend
Macht einen Seitensprung just
Die Singzikade!

*Issa*

Altweibersommer –
Und jeder Schlag der Hacke
Geruch von Erde.

*Rankô*

Altweibersommer
Legt sich um meine Schultern
Wie ein Papierkleid!

*Bashô*

An die sechs Zoll lang
Schon der Altweibersommer
Dort auf dem Felsen.

*Bashô*

Die Einsamkeit, ach,
Veranlaßt von der Blüte
Des Lebensbaumes.

*Bashô*

Der schönste Drachen
War in die Luft gestiegen
Vorm Haus des Bettlers!

*Issa*

Im Vollmondlichte
Der Tau heruntersickert
Die alten Ziegel.

*Shirô*

Im Schein des Vollmonds
Wird langsam das Regal weiß
Der Seidenraupen.

*Shiki*

Im Vollmond heute
Dem Pferd selbst nachts die Wege
Nach seinem Sinn sind.

*Kijô*

Im Schein des Vollmonds
Sich jemand niederkauert
Dort auf dem Felsen.

*Shiki*

Was man auch anhat,
Es wird doch nichts als schöner
Beim Mondbetrachten.

*Chiyo-ni*

Im Licht des Vollmonds
Kommt nun der Dunst gekrochen
Dort auf dem Wasser.

*Ransetsu*

Der Mond im Finstern
Nur wie ein weißer Strich noch
Dort auf dem Meere.

*Shiki*

Sogar der Vollmond
Ist heute allerorten
In großer Eile!

*Issa*

»Den vollen Mond da,
Hol ihn und gib ihn mir doch!«
Das Kind losweinte.

*Issa*

Die Welt des Menschen
Sogar den Mond zu plagen,
Sich doch herausnimmt.

*Issa*

Im Blau des Himmels
Der Ast am Kakebaum schon
Mit roten Blättern.

*Fusai*

Im Regenschauer
Die Wagen sich beeilen
Und rotes Laub jagt.

*Shiki*

Tief in den Bergen
Die Eichenblätter fallen,
Daß buntes Laub stiebt.

*Shiki*

Die schmalen Wege
Nun ganz und gar begraben
Im Fall des Laubes.

*Buson*

Im alten Tempel
Die Lichter angezündet
Zum bunten Laubwerk.

*Shiki*

Beim Mondenaufgang
Nun schon so tropfenweise
Vom Baum das Blatt fällt.

*Shiki*

Mit seinem Aufgang
Wächst auch der Schimmer langsam
Vom Monde heute.

*Kyoshi*

Vom Vollmondscheine
Auf meiner Binsenmatte
Der Föhrenschatten.

*Kikaku*

Im Mondenlichte
Auf einmal die Einsamkeit
Der Eibischhecke.

*Teijo*

Im Licht des Vollmonds
Kam mit der Flut geschwommen
Ein kleines Boot noch.

*Issa*

Dort oben gehen
Und unten kommen Wolken:
Des Herbstes Himmel.

*Bonchô*

Nun, im September,
Zuerst die Hirsekolben
Im Sturm des Herbstes.

*Kyoroku*

Vom Gras am Wege
Die wilde Hirse hängt sich
An meinen Rocksaum.

*Hakyô*

Beim Suma-Kloster
Die Flöte blasen hören
Durch Baumesdüster.

*Bashô*

Beim alten Kloster
Der Fall von Föhrennadeln:
Es wird Oktober.

*Bonchô*

Beim stillen Kloster
Ein Ton wie Bambusmähen:
Das Abendnieseln.

*Shôha*

Zum Abendnieseln
Der Mörser dort beim Nachbarn
Mahlt unaufhörlich.

*Yaha*

Die tauben Blüten
Dem Regen ausgesetzt nun
Im Kürbisfelde.

*Buson*

Wie doch erschreckt hat
Vom Fall des Flaschenkürbis'
Der Laut zur Nachtzeit.

*Shiki*

Auf der Terrasse
Sich Hirtentäschel ausstreut
Wie meist am Boden.

*Ransetsu*

Bei Nebelnieseln
Der Fuji nicht sehen läßt
Das weiße Antlitz.

*Bashô*

Im Morgengrauen
Vom Berg Asama Nebel
Zu Tische kriechen.

*Issa*

Die Morgenkälte:
Vom Teekorb auf der Mauer
Die Silhouette.

*Issa*

Ganz schwach und leise
Die Teestrauchblüten dunkeln
Im Reif der Nächte.

*Shiki*

Den weißen Tau, ach,
Verschüttet auch der Süßklee
In Wellenlinien.

*Bashô*

Vom Fluß im Norden,
Vor wolkenloser Sonne,
Die Vögel heimziehn.

*Seisei*

Im Heimatdorfe
Sich heute schlafen legen
Vom Zug die Vögel.

*Kyorai*

Die kranke Wildgans
Am kalten Abend einfiel
Zum Reiseschlummer.

*Bashô*

Die Graugans rief laut,
Als es in großen Tropfen
Zu regnen anfing.

*Otsuji*

Vorm hintern Fenster
Der Regen laufend trommelt
Auf Pampasgräser.

*Issa*

Im Heimatdorfe
Nun auch am Ahnenschreine
Schon Sturm des Herbstes.

*Shiki*

Im Sturm des Herbstes
Zerbrochen und so traurig
Der Maulbeerstock dort.

*Bashô*

Um jedes Haus, horch,
Der Sturm im andern Tone
Zu wehen anhebt.

*Sojin*

Der Sturm des Herbstes
Zerrupft dem Teufelsauge
Die roten Blüten.

*Issa*

Im Sturm des Herbstes
Der weiße Falter schließlich
Ganz irr geworden.

*Seira*

In West und Ost nun
Die gleiche tiefe Trauer:
Der Wind des Herbstes.

*Bashô*

Vom Sturm des Herbstes
So kräftig durchweht nun
Das Männerantlitz.

*Onitsura*

Für mich, der fortgeht,
Und für dich, der zurückbleibt,
Sind es zwei Herbste.

*Buson*

Ich stieg vom Pferde
Und fragte, wie der Fluß heißt,
Im Sturm des Herbstes.

*Shiki*

Der Wind des Herbstes:
Für mich gibt's keine Götter
Und keinen Buddha.

*Shiki*

Am Wegesrande
Im Dorn verborgen aufging
Die wilde Aster.

*Shiki*

Zu meinen Füßen
Läßt sich die Sonne nieder
Auf wilde Astern.

*Issa*

Im Garten nur noch
Für den gehetzten Hausarzt
Die Astern heute.

*Yayu*

Die weißen Astern
Im Garten blieben über
Bis an den Acker.

*Buson*

Beim Buddhatempel
Am Eckstein noch zurückblieb
Die wilde Aster.

*Shiki*

Die Abendkälte
Den gefährlichen Felsen
Hinaufgestiegen.

*Yaha*

Die Abendkälte
Sogar die Eingeweide
Durchdringen möchte.

*Shiki*

Nun wird es kälter:
Das Lied der Regenwürmer
Die ganze Nacht geht!

*Issa*

Der kalte Herbstwind
Vom offnen Meer so eisig
Die Berge schneidet.

*Kikaku*

Des Herbstes Berge,
In denen stellenweise
Schon Rauch nun aufsteigt!

*Gyôdai*

Des Herbstes Abend:
»Soll ich schon Licht anmachen?«
Kam sie und fragte.

*Etsujin*

So etwas Seltnes:
Kein Segel auf dem Meere
Am Herbstesabend.

*Shiki*

Viel Menschenstimmen
Auf diesem Wege heimgehn
Im Herbst des Abends.

*Bashô*

Zu sehr, zu sehr, ach,
Als Mensch geboren worden –
Des Herbstes Abend.

*Issa*

Aus all den Toren
Auch nicht ein Mann hervortritt:
Des Herbstes Abend.

*Seira*

# Zum Winter

Der erste Winter:
Am Himmel wehen dahin
Schon Spinnenfäden.

*Shôha*

Ein Tippelbruder
Am Weg zum Heimatdorf auch –
Ein erster Winter.

*Fura*

Zum Heimatdorfe
Andauernd kleine Steine
Auf allen Wegen.

*Zentarô*

Ein kalter Windstoß
Blies jäh und traf die Glocke
Mit kleinen Steinen.

*Buson*

Die Berge quert nun
Der Mann, der sich getrennt hat
Auf kahler Heide.

*Buson*

Am Winterbache
Vom ganzen Dorf die Hunde
Den Otter jagen.

*Buson*

Verwelkte Weiden
Und Krautabfälle schwimmen
Im kleinen Bache.

*Shiki*

Vom dürren Schilfrohr
Noch spät die Krähen lärmend,
Wie immer, heimziehn.

*Seison*

Des Schilfrohrs Wedel
An einem solchen Platze
Vor solchem Hause.

*Issa*

Im dürren Schilfrohr
Im allerhöchsten Falle
Nur Flut des Winters.

*Wakamori*

Den Abendstern hängt
Heraus dort gerade eben
Der Winterabend.

*Seishi*

Vom Weizensäer
Schon lange Schattenrisse
Im Abendlichte.

*Buson*

So kalt und trist nun
Am Boden wie verloren
Die Krähen abends.

*Ryuta*

Im Kaff vom Worfeln
Den Kornrest Hühner picken
Am Winterabend.

*Chô-i*

Zum Pferdefutter,
Das herabfiel, ganz ängstlich
Die Hühner kommen.

*Suzumaro*

Den Winternebel
Dort auf dem Teestrauchfelde
Aufkommen sehen.

*Fûsei*

Die Wasservögel
Zum Frühstück rasch und hastig
Beim kleinen Haus oft.

*Buson*

Im matten Mondlicht
Am schmalen Fluß die Enten
Stehn flügelschlagend.

*Shûôshi*

Der Zwergstrandläufer
Die Füße naß sich machte,
Als er sein Spiel trieb!

*Buson*

Als alles langsam
Ganz dicht bewölkt war, schließlich –
Ein Austernfischer!

*Mantarô*

Im Heimatdorfe
Die hohen Zedern stehen
Im ersten Nieseln.

*Issa*

Das erste Nieseln
Den Weg am hellen Mittag
Ganz aufgeweicht hat.

*Tairo*

Es nieselt leise
Und ihre Hörner kreuzen
Im Feld die Ochsen.

*Rankô*

Wenn es so nieselt,
Dann auch der Wind der Kiefern
Nicht einfach aufhört.

*Hokushi*

Beim irdnen Kübel
Die Zedernnadeln wispern:
Das erste Nieseln.

*Issa*

Die Hühner kakeln
Und Nieselregen rieselt
Ums alte Wirtshaus.

*Bashô*

Im Nieselregen
Rennt rasch ein Mäuschen noch
Über die Zither.

*Buson*

Beim alten Tempel
Die Spatzen laufend schilpen
Ins Abendnieseln.

*Shikô*

Die Lotos dorren
Im Teiche so abscheulich
Bei Nieselregen.

*Buson*

Ins Bambusdickicht
Viel Nieseln hineingeblasen
Am späten Abend.

*Seisei*

Es macht die Runde
Ein Regen ohne Rauschen
In Winterbergen.

*Buson*

Im Feld die Steine
Gewinnen alle Leben
Im Winterregen.

*Kinsai*

Vom Wasser durchweicht
Das Grün der Schachtelhalme
Im Winterregen.

*Teijo*

Die Enten kommen
Vom Wasser laut und lärmend
Durch kalten Regen.

*Kigô*

Die Gänse lärmen
Auf Tobas Ackerzeilen
Im Winterregen.

*Bashô*

Der Riesenbaum dort,
Bis in die Wolken ragt er
Auf kahler Heide!

*Shiki*

Wie kalt und herzlos
Doch in dem großen Baume
Die Spatzen schilpen.

*Sakae*

Die Falkenaugen
Das kahle Feld bestarren
Im Sturm des Herbstes.

*Jôsô*

Das aus der Heimat
Verjagte Pferd laut wiehernd
Im Sturmwind draußen.

*Shûôshi*

Die kalte Windsbraut,
Die einen Tag lang wehte,
Nun eingeschlafen.

*Ryôtô*

Dort vor dem Tore,
Wo es sofort bergauf geht,
Die Winterbäume.

*Shiki*

Die Hunde bellen
Im fernen Dorfe heiser
Um Winterbäume.

*Shiki*

Der Regen strömte
Und mehr und mehr geschwärzt stehn
Die Winterbäume.

*Susumu*

Ganz hingegeben
Stehn Indra und Brahma da:
Die Winterbäume.

*Kikaku*

Der Einbrecher stieß
Die Glocke an vom Kloster
In Winterbäumen.

*Taigi*

In vollem Glanze
Am hohen Gipfel Sterne:
Der Kälte Anfang.

*Kigô*

Sowohl die Stare
Als auch die Leute rufen:
O diese Kälte!

*Issa*

Im ersten Froste
Den schwer erkrankten Kranich
Von ferne sehen.

*Buson*

Am See von Suwa
Dem Fuchs die Offenbarung –
Die erste Eisschicht.

*Yayu*

Beim ersten Froste,
Wer legt sich da wohl schlafen
Ins Fischerboot, he?

*Kikaku*

Dem kalten Windstoß
Beim Tor am Nesselbaume
Die Muskeln schwellen.

*Issa*

Vom scharfen Windstoß
Am Mauerrande scheppert
Der Pferdeeimer.

*Issa*

Noch Menschenstimmen
Ganz rasch die Nacht durcheilen
Bei dieser Kälte.

*Yaha*

Am Wintertage
Da friert im Pferdesattel
Sogar mein Schatten!

*Bashô*

Die kalte Windsbraut
Im Bambus sich versteckt hält
Und dort nicht nachgibt.

*Bashô*

Die Schüssel betrat
Die Maus, und das Geräusch war –
Nur Winterkälte.

*Buson*

Es raunt und plätschert
Bei all der Kälte Wasser
Im Küchenkruge.

*Dakotsu*

Zum Wasserkruge
Die kleine Maus hineinfiel
Bei dieser Kälte!

*Taigi*

Selbst an der Glocke
Der Grünspan ist nichts weiter –
Als bittre Kälte.

*Issa*

O diese Kälte:
Nachdem das Licht gelöscht war,
Des Wassers Rauschen.

*Shiki*

Von hinterrücks doch
Der erste Schnee heranfegt
Nachts auf der Straße.

*Fura*

Vom Schnee das Glitzern
Erhellt das Schlafgemach nun
Und es wird kälter.

*Sôchô*

Du, mach mal Licht an,
Ich zeig dir etwas Hübsches:
Den runden Schneeball!

*Sora*

Nun in den Bergen
Im ersten Schnee der Anblick –
Von Bauernrosen!

*Buson*

Der Schnee verblieb noch
Dem einen Bergesgipfel
Dort nah der Grenze.

*Shiki*

Der erste Schnee schon
Verdammt, verdammt doch noch mal
Am späten Abend!

*Issa*

Der erste Schnee hängt
Als leichter, weicher Flaum mir
Im Backenbarte.

*Issa*

Der Schnee vom Abend
Erhellt Gebüsch und Bäume
Mit seinem Glanze.

*Rôka*

Vom Goldpalaste
Im schwachen, zarten Lichtschein
Des Nachts der Schnee blinkt.

*Shiki*

Im schwachen Lichtschein
Bei tiefer Stille lautlos
Die Wolken ziehen.

*Shûson*

Im Schneegestöber
Das Gelb und Weiß von Astern
Vor armer Hütte.

*Shiki*

Nun immer dichter
Der Schnee vom Himmel rieselt
Zum Pfiff des Milans.

*Bôsha*

Vom Dorf am Berge
Im Schnee so majestätisch
Des Mörsers Mahlen.

*Buson*

Des Nachts vom Acker
Den Schnee wegfegen und dann –
Noch Schnittlauch schneiden.

*Seisei*

Der Lauch noch weißer
Nachdem er blank gewaschen
Bei dieser Kälte!

*Bashô*

Von der Wachskerze
Ein leichter, zarter Duft noch
Zum Schnee am Fenster.

*Izen*

Die Handlaterne
Verrußte bei der Kälte
Im Schnee des Abends.

*Etsujin*

Im Nachbarzimmer
Das Licht nun auch noch ausging:
O diese Kälte!

*Shiki*

Auf meinem Lichte
Da setzte sich schon Eis an
In dieser Frostnacht.

*Seira*

Im Morgengrauen
Zerbrach das Eis beim Reiben
Den alten Tuschstein.

*Shiki*

Zum Duft des Lauches
Die Abendsonne hinsinkt
Am Eichenhaine.

*Dakotsu*

Ein Zaunkönig schlüpft
Noch spät und lebhaft flatternd
Zur Abendmahlzeit.

*Teijo*

Sogar für Fliegen
Die langen Nächte, denk ich,
Wohl mehr als einsam.

*Issa*

Im Winterflusse
Des einen Zweiges Schatten
Sogar bezaubert.

*Kusadao*

Durch Winterstille
Des Nachts allein die Wogen
Noch dröhnen hören.

*Bôsha*

Im Wintermondlicht
Dort zwischen kahlen Bäumen
Drei Schäfte Bambus.

*Buson*

Als ob es nichts sei,
Nun im Dezembermondlicht
Die alten Ulmen!

*Issa*

Im Wintermondlicht
Stehn Indra und Brahma dort
Mit nackten Beinen.

*Issa*

Als ich zum Markt ging,
Für kurze Zeit die Stimmung
Vom Jahresende.

*Sodô*

Aus Nebengassen
Der Ruf des Knoblauchhändlers
Zum Abendmondlicht.

*Buson*

Vom Kauf des Lauches
Inmitten kahler Bäume
Ging ich nach Hause.

*Buson*

Die Winteröde:
Als ich durchs kleine Dorf ging,
Die Hunde heulten.

*Shiki*

Voll Winterruhe
Entweicht der Rauch ganz still dort
Dem Spalt der Mauer.

*Shiki*

Gedämpftes Feuer
Und an der Wand vom Gaste
Die Schattenrisse.

*Bashô*

Der schmale Weg nachts
Zur Pfirsichblütenquelle
Im Winterschlafe.

*Buson*

Da ist nichts weiter:
Der Weg kommt an ein Ende
In Petersilie.

*Buson*

Der bleiche Mond, ach,
So weiß am Jahresende,
Als ich erwachte.

*Bashô*

Aus späten Tagen
Sind aufgehäuft die fernen,
Die alten Zeiten.

*Buson*

Das Sicherinnern
Und das Erinnertwerden:
Des Alters Frühling.

*Ryôtô*

Bei meinem Nachbarn
Noch Menschenstimmen und dann –
Silvesterglocken.

*Buson*

# Anhang

# Nachwort

## I

Das Haiku ist die kürzeste Gedichtform der Weltliteratur, besteht es doch bloß aus einer einzigen Strophe von drei Zeilen mit insgesamt nur siebzehn Silben. Es entstand aus dem Kurzgedicht (*mijika uta*), sinojapanisch Tanka genannt, das uns bereits im *Manyoshu*, einer Sammlung der ältesten Gedichte Japans, in den Versen der Kaiserin Iwa-no-Hime (um 350) entgegentritt:

Ich aber bleibe
Und werde auf dich warten,
Bis in das Wehen
All meines schwarzen Haares
Der Rauhreif sich gesetzt hat.

Ein Tanka setzt sich aus fünf Verszeilen mit einunddreißig Silben zusammen, wobei sich diese einunddreißig Silben so auf die fünf Verszeilen verteilen, daß die erste und dritte Verszeile je fünf und die zweite, vierte und fünfte je sieben Silben zählen. Das ergibt für das klassische Tanka den folgenden Aufbau: 5 + 7 + 5 + 7 + 7.

Von diesen fünf Verszeilen bilden die ersten drei (nach dem Schema 5 + 7 + 5) mit siebzehn Silben die Oberstrophe (*kami-no-ku*) eines Tankas, die auch Anfangsstrophe (*hokku*) genannt wird; während die beiden letzten Verszeilen, nach dem Schema 7 + 7, die Unterstrophe (*shimo-no-ku*) abgeben, die auch als Schlußstrophe (*matsu-no-ku*) bezeichnet wird.

Zur Zeit des Kaisers Go-Toba (1180–1238) schufen sich die Japaner noch eine zweite Form der lyrischen Aussage, indem sie einfach die Unterstrophe des Tankas fortließen und sich auf die drei Zeilen seiner Oberstrophe beschränkten. Damit war das aus drei Verszeilen und siebzehn Silben bestehende Haiku geboren, wie es uns zum Beispiel in einem Dreizeiler von Fujiwara-no-Sadaië (1162–1242) begegnet:

Verstreute Blüten
Jagt vor sich her und holt ein
Der jähe Sturmwind!

Obwohl dieses Haiku noch nicht die Tiefe besitzt, die den Dreizeilern einer späteren Zeit eigen ist, führt es uns doch in dem Bilde einer Sturmbö, die eine Schar verwelkter Blüten vor sich hertreibt, etwas von der unaufhaltsamen Vergänglichkeit vor Augen, die auch noch den blütenreichsten Frühlingstag durchwaltet. Dabei wird diese Stimmung von den nur siebzehn Silben des Haiku eingefangen, die sich wie folgt auf dessen drei Zeilen verteilen und seine bis heute gültige Form darstellen: 5 + 7 + 5.

2

Das Haiku war in den nächsten zweieinhalb Jahrhunderten, von einigen Dichtern abgesehen, nur bei einer Reihe von Hofleuten und Staatsmännern, vor allem aber bei Kriegsherren und ihren Samurais beliebt. Es wurde von ihnen hauptsächlich für Billette an Freunde und Geliebte verwandt, zumal es ihnen durch seine lakonische Kürze Gelegenheit zu Wortspiel, Andeutung, Witz und Humor bot. Erst im Verlauf des 15. Jahrhunderts begann es mehr und mehr an Boden zu gewinnen, bis es schließlich, neben dem Tanka, zur bevorzugten Form der japanischen Lyrik wurde.

3

Einen Höhepunkt in der Geschichte des Haiku bilden die Dreizeiler Matsuo Bashôs. Er hieß eigentlich Matsuo Munefusa und wurde im Jahre 1644 als Sproß eines alten Samurai-Geschlechtes in Uëno geboren. In seiner Jugend versah er bei seinem Herrn Tôdô Yoshitada den Dienst eines Edelknaben und übte sich dabei mit ihm in der Dichtkunst. Nach dem überraschend frühen Tod seines Herrn zog er sich mit zweiundzwanzig Jahren in ein Kloster bei Kioto zurück, um sich dem Zen-Buddhismus zu widmen. 1676 ging er dann nach Fukagawa bei Edo, dem heutigen Tokio, zu seinem Freunde Sugiyama Sampû, in dessen Garten er ein kleines Häuschen unter einem Bananenbaum (*bashô*) bewohnte, nach dem er sich kurzerhand Bashô nannte.

Dort setzte er seine Bemühungen um die Kunst des Haiku im Kreise von Freunden und Schülern fort, indem er nach einer möglichst großen Einfachheit und Bildhaftigkeit des sprachlichen Ausdrucks strebte. Das führte ihn, nach einer unermüdlichen Arbeit an sich und seiner Sprache, zu einem Dreizeiler von ungewöhnlicher Schlichtheit, ja, man kann sagen, Einfalt des Wortes:

Im Neumondlichte
Am Boden noch verschwommen –
Buchweizenblüten.

Diese drei Verse wirken auf den ersten Blick belanglos. Und dennoch rufen sie, nach einigem Sich-dabei-Verweilen, in uns das Bild eines Feldes mit blühendem Buchweizen herauf, das mit seinem zarten Rot im fahlen Licht der Neumondsichel schattenhaft verschwommen daliegt.

Außerdem zeigt uns dieser Dreizeiler, daß Bashô bestrebt ist, die im Neumondlicht vor ihm aufscheinende Buchweizenblüte nur durch solche Wörter darzustellen, die der Stimmung der heraufziehenden Nacht entsprechen. Demgemäß meidet er jeden Ausdruck, in dem sich das eigene Ich mit seinem Wollen und Begehren zu Worte melden möchte; und das, um zu verhindern, daß die Stimmung des von ihm erschauten Bildes dadurch beeinträchtigt und in ihrem Wirklichkeitsgehalt geschmälert wird.

Dieses Bestreben war die Frucht eines sich über mehrere Jahre erstreckenden Studiums des Zen-Buddhismus. Es lehrte ihn, sich durch ständige Übung in der Selbstbesinnung auf jedes ich-gebundene Wollen und Begehren hin zu prüfen und sich seiner zu enthalten, um so zu einem

Spiegel der Natur und ihrer Geschöpfe zu werden. Dabei machte er die Erfahrung, daß nur ein Bewußtsein, das sich seines Ichs und seiner alltäglichen Zwecksetzungen entledigt hat, im Nu die ganze Wesenlosigkeit und deshalb Nichtigkeit dieses Ichs und seines stets sprungbereiten Willens zur Macht durchschaut, um sich alsdann – infolge dieser Erkenntnis – davon abzukehren, sich der Natur und ihren Erscheinungen zuzuwenden und sie in ihrem wahren Wesen zu Worte kommen zu lassen.

4

Der Weg, auf dem ein Mensch wie Bashô sich selbst begegnet und dabei gewahr wird, daß es vor allem das eigene Ich mit seinen menschlich-allzumenschlichen Tagesinteressen ist, das ihm den unbefangenen Blick in die Wirklichkeit der Welt verwehrt, ist – nach einer alten Überlieferung – der Weg der stillen Betrachtung und Versenkung, kurzum der Weg der Meditation oder, wie die Japaner sagen, von Zen (chin. Chan).

Dabei gilt es, die Meditation bis zu dem Punkt zu treiben, an dem dem Meditierenden plötzlich klar wird, daß die Alltagswelt des Menschen mit ihren fintenreichen Zwecken und Interessen nichts anderes als eine Scheinwelt ist, die das eigene Ich mit seinem Willen, sich die umgebende Natur zu unterwerfen und dienstbar zu machen, um sich herum errichtet. Diese Erkenntnis durchfährt ihn dann wie ein jäher Blitz, in dessen Widerschein ihm schlagartig bewußt wird, daß es das Ich mit seinem Willen zur Macht ist, das ihm den Zugang zur eigentlichen Wirklichkeit der Naturerscheinungen verstellt und ihm diese fortwährend und von Grund auf entfremdet.

Im Widerschein dieses Erkenntnisblitzes erwacht er aus der ihn Tag für Tag umringenden Scheinwelt des menschlichen Zweckdenkens und begreift (*satoru*) augenblicklich, daß nur ein Inneres, das dieses Blendwerk des Ichs und seines

Willens zur Macht durchschaut und sich davon befreit hat und, wie es heißt, völlig »ich«- und »selbstlos« (*muga*) geworden ist, etwas vom wahren Wesen einer Naturerscheinung erschaut und widerspiegelt.

Mit dieser Erkenntnis, die als urplötzliche Erleuchtung (Satori) erlebt wird, stehen dem durch Meditation Gereiften die Dinge dieser Welt wie auch er selbst in einem neuen Licht da. Denn von nun an trägt jeder Augenblick, und sei er noch so kurz und flüchtig, jede Naturerscheinung, und sei sie noch so geringfügig und unscheinbar, für ihn die Möglichkeit in sich, ihm sowohl etwas vom Wesen der Welt als auch vom eigenen Wesen zu offenbaren.

So äußert sich dann für ihn sowohl im Rauschen des Regens wie im Rufe des Kuckucks, im Röhren des Hirsches wie im Krächzen der Krähe genauso wie im Duft des Lauches und im Ruch der Erde etwas vom Wesen dieser Naturerscheinungen und somit auch etwas vom Wesen der Welt. Und das, weil, wie Goethe sagt, »das Besondere das Allgemeine repräsentiert, nicht als Traum und Schatten, sondern als lebendig-augenblickliche Offenbarung des Unerforschlichen«.

## 5

Aufgabe des Haiku ist es, einen Erlebnisaugenblick so in Worte zu fassen, daß es uns, bei aller Kürze des sprachlichen Ausdrucks, dennoch auf die Wirklichkeit des ihm zugrunde liegenden Bildes hinweist und uns etwas von dessen Weltgehalt mitteilt.

Da aber jeder Lebensaugenblick naturgemäß dem unaufhörlichen Strom der Zeit angehört, weist jedes Haiku auch ein Wort auf, durch das es seine Zeitgebundenheit bekundet: nämlich das sogenannte Jahreszeitenwort (*kigo*).

Ein solches Jahreszeitenwort kann entweder direkt, wie »Frühlingsregen«, »Sommerbäume«, »Herbstwind« oder »Winterstille«, oder, wie »Pflaumenblüte«, »Bauernrose«, »Asternblüte« oder »Kiefernzweig«, indirekt die Zeitlichkeit und damit die Stimmung des im Haiku dargestellten Bildes andeuten. Außerdem soll es in uns vor allem die Bild- und Gedankenzusammenhänge (*renso*) wachrufen, die mit der betreffenden Jahreszeit einhergehen und dem Haiku, trotz seiner nur siebzehn Silben, Bedeutungstiefe verleihen.

Blickt man genauer hin, so liegt der Grund für den Gebrauch des Jahreszeitenwortes im Haiku noch etwas tiefer. Denn – obgleich wir heute durch die unaufhaltsame Technisierung unseres Alltages dafür schon so gut wie erblindet sind – ist es doch der Rhythmus von Tag und Nacht, Mondenlauf und Jahreszeiten, also der eherne Gang des in Raum und Zeit vor uns aufscheinenden kosmischen Geschehens, der – als eines der machtvollsten Urphänomene der Natur – unser tägliches Dasein durch und durch bestimmt. Daran nimmt nun jedes Wesen, dessen Bild in unsere Sinne fällt, mit seinem ganzen Werden und Vergehen, Blühen und Welken in jedem Augenblicke seines Lebens unentrinnbar teil.

Ebenso unentrinnbar aber hat jedes Wesen unserer Erde eine unendliche Kette von Ahnen, die bis ins Anbeginnlose zurückreicht, und es ist demzufolge Erbe einer unschätzbaren Vergangenheit mit all ihren Überlieferungen. Darum lebt in jedem Bild, das uns im Augenblick der Erleuchtung, wie im alles erhellenden Widerschein eines Blitzes, vor Augen steht, immer auch etwas von der Ewigkeit des Kosmos, die sich uns beständig in dem Gang von Sonne, Mond und Sternen und im Kreisen der Jahreszeiten offenbart. Etwas, worauf Goethe einmal gegenüber Eckermann mit dem folgenden Wort hinweist: »Jeder Zustand, ja jeder Augenblick ist von unendlichem Wert, denn er ist der Repräsentant einer ganzen Ewigkeit.« Und was wiederum William Blake zu dem Ausspruch veranlaßt hat: »Die kleinste Blume zu schaffen ist das Werk von Äonen.«

6

Und schließlich noch – im Geiste von Zen – ein Rätselwort als kurzer Hinweis auf die stets einzigartige Wirklichkeit eines Erlebnisaugenblicks: »Jemand, der den Duft einer Rose nicht riecht, wird doch nicht darüber kritisieren dürfen: und riecht er ihn, à la bonne heure! Dann wird ihm die Lust vergehen zu kritisieren«, so Friedrich Nietzsche im Oktober 1868 an seinen Freund Paul Deussen. – Das Wort dafür wäre – Erleuchtung (Satori) . . .

# Verzeichnis der Dichter

**Arô** (geb. 1879) Journalist und Herausgeber der Haiku-Zeitschrift *Shakunage*

**Bashô** (1644–94)
**Bonchô** (gest. 1715) Arzt und Schüler Bashôs
**Bôsha**
**Buson** (1715–83)

**Chiyo-ni** (1702–75) Schülerin von Shikô und Otsuyû
**Chô-i** (Anfang 19. Jh.)
**Chora** (1721–72)

**Dakotsu** (geb. 1885) Schüler von Kyoshi und Leiter der Haiku-Zeitschrift *Ummo*

**Etsujin** (gest. 1702) Färber und Schüler Bashôs

**Fura**
**Fusai**
**Fûsei** (geb. 1885) Germanist und Schüler von Kyoshi und Leiter der Haiku-Zeitschrift *Wakaba*

**Ginkô**
**Gokason**
**Gonsui** (1650–1729)
**Gyôdai** (1732–92)

**Hakyô** (geb. 1913) Romanist und Schüler von Shûôshi
**Hokushi** (gest. 1718) Schüler Bashôs
**Hyakken** (gest. 1889) Lehrer an einer Schiffbau-Schule und Schüler von Sôseki

**Issa** (1763–1827)
**Izen** (1652–1712)

**Jakurô**
**Jôsô** (1661–1704) Zen-Priester und Schüler Bashôs

**Kakei** (1648–1716) Schüler Bashôs
**Kenkabô**
**Kigô**
**Kijirô**
**Kijô** (1870–1938) Justizsekretär und Mitherausgeber der Haiku-Zeitschrift *Hototogisu*
**Kikaku** (1661–1707) Schüler Bashôs und Freund Ransetsus
**Kinsai**
**Kusadao** (geb. 1901) Lehrer und Schüler Kyoshis
**Kyorai** (1651–1704) Konfuzianistischer Sinologe und Schüler Bashôs
**Kyoroku** (1656) Schüler Bashôs
**Kyoshi** (1874–1959) Leiter der von Shiki gegründeten Haiku-Zeitschrift *Hototogisu*

**Mantarô** (geb. 1889) Dramatiker und Romancier; Herausgeber der Haiku-Zeitschrift *Shuntô*
**Michihiko** (1757–1820)
**Midori-jo** Haiku-Dichterin

**Onitsura** (1661–1738) Sake-Brauer und Schüler von Sôin
**Otsuji** (1881–1920) Freund und Schüler Shikis
**Otsuyû** (1675–1739) Schüler Bashôs

**Raizan** (1653–1716)
**Rankô** (1726–98) Arzt
**Ransetsu** (1654–1707) Schüler Bashôs
**Rimpû**
**Rôka** (1671–1703) Abt und Schüler von Kyorai
**Ryôta**
**Ryôtô**
**Ryuta**
**Ryûtei**

**Saimaro** (1656–1737) Freund Bashôs
**Saisei** (geb. 1889) Sohn eines Samurai und Romancier
**Sakae**
**Sanki** (1900–1962) Dentist und Begründer der Haiku-Zeitschrift *Tenrô*
**Sazanami**
**Seiha**
**Seira** (1742–92)
**Seisei** (1867–1937) Journalist und Schüler Shikis
**Seishi** (geb. 1901) Schüler von Kyoshi und Mitarbeiter an einer Reihe von Haiku-Zeitschriften
**Seison** (geb. 1892) Professor für Bergbau und Mitarbeiter an der Haiku-Zeitschrift *Hototogisu*
**Sekitei**
**Shadô** (Ende 17. Jh.)
**Shiki** (1867–1912)
**Shikô** (1665–1731) Zen-Mönch und Schüler Bashôs
**Shintoku** (1633–98) Schüler Teitokus
**Shira-o** (1739–91)
**Shirô** (1742–1812) Geburtshelfer und Freund Busons und Schüler von Gyôdai; auch Landschaftsmaler
**Shôha** (gest. 1772)
**Shûôshi** (geb. 1892) Arzt; Schüler Kyoshis und Herausgeber der Haiku-Zeitschrift *Asebi*
**Shûson** (geb. 1905) Studienrat; Schüler Kijôs und Shûôshis
**Sôchô** (1760–1813) Maler und Dichter
**Sodô** (1641–1716) Deichbaumeister und Anhänger Bashôs
**Sojin**
**Sôkan** (1465–1553) Zen-Priester; Vorläufer Bashôs
**Sôkyô**
**Sora**
**Suiha** (1882–1946) Maler und Schüler Meisetsus und Kyoshis

**Sujû** (geb. 1893) Arzt; Schüler Kyoshis und Mitarbeiter an der Haiku-Zeitschrift *Hototogisu*
**Susumu**
**Suzumaro**

**Taigi** (1709–71)
**Tairo** (gest. 1779)
**Takako** (geb. 1887) Haiku-Dichterin und Schülerin von Seishi und Kyoshi
**Takashi** (1906–56) Nô-Schauspieler und Schüler Kyoshis
**Tatsuko** (geb. 1903) Tochter von Kyoshi
**Teijo** (geb. 1900) Gründerin der Haiku-Zeitschrift *Fuka*
**Tessenka**
**Torakô**

**Wakamori**

**Yaha** (1663–1740)
**Yayu** (1702–83) Lehensmann der Owari-Sippe
**Yôkichi**

**Zentarô**

# Quellen

Den Übersetzungen liegen folgende Ausgaben zugrunde:

Haikaishû. Tokio 1950.
Haikushû. Tokio 1956.
Bashô Haibunshû. Tokio 1949.
Bashô Shûshû. Tokio 1955.
Bashô Tokuhon. Tokio 1956.
Buson Haikushû. Tokio 1936.
Issa Haikushû. Tokio 1958.
Shiki Kushû. Tokio 1942.

# Literaturhinweise

## *Haiku*


Bashô, Matsuo: 111 Haiku. Vorw., ausgew. und aus dem Jap. von Ralph Rainer Wuthenow.

– The Narrow Road to the Deep North and other Travel Sketches. Übers. und mit einer Einl. von Nouyuki Yuasa. Harmondsworth 1966 [u. ö.].

– Auf schmalen Pfaden durchs Hinterland. Aus dem Jap. übertr. sowie mit einer Einf. und Annotationen vers. G. S. Dombrady. Mainz 1985.

– On Love and Barley. Haiku. Übers. und mit einer Einl. von Lucien Stryk. Harmondsworth 1985.

– Sarumino – Das Affenmäntelchen. Aus dem Jap. übertr. sowie mit einer Einf. und Annotationen vers. von G. S. Dombrady. Mainz 1994.

Blyth, R. H.: Haiku. 4 Bde. Tokio 1949–52 [u. ö.].

– A History of Haiku. 2 Bde. Tokio 1969.

Bonneau, Georges: Le haiku. Paris 1935.

Buson: Dichterlandschaften. Eine Anthologie. Aus dem Jap. übertr. sowie mit einer Einf. und Annotationen vers. von G. S. Dombrady. Mainz 1992.

Carter, Steven D.: Traditional Japanese Poetry. An Anthology. Stanford (Cal.) 1991.

Coudenhove, Gerolf: Japanische Jahreszeiten. Tanka und Haiku aus dreizehn Jahrhunderten. Zürich 1963 [u. ö.].

– Vollmond und Zikadenklänge. Gütersloh 1955.

Debon, Günther: Im Schnee die Fähre. München 1956.

Florenz, Karl: Bunte Blätter. Japanische Poesie. Tokio 1897.

– Dichtergrüße aus dem Osten. Japanische Dichtungen. Tokio 1894.

Gundert, Wilhelm / Schimmel, Annemarie / Schubring, Walther (Hrsg.): Lyrik des Ostens. Gedichte der Völker Asiens vom Nahen bis zum Fernen Osten. Lyrische Zeugnisse aus vier Jahrhunderten. München 1952 [u. ö.].

Bethge, Hans: Japanischer Frühling. Leipzig 1919.

Haug, Gerhard: Kirschblüten schimmern im Morgenlicht. [o. O.] 1948.

Henderson, Harold G.: The Bamboo Broom. Boston 1934.

Henderson, Harold G.: An Introduction to Haiku. An Anthology of Poems and Poets from Bashô to Shiki. New York 1958.
– Haiku in English. Rutland (Vt.) / Tokio 1967.
Issa: Mein Frühling. Aus dem Jap. übertr. und mit einem Nachw. vers. von G. S. Dombrady. Zürich 1983.
– Die letzten Tage meines Vaters. Aus dem Jap. übertr. sowie mit einem Nachw. und Anm. vers. von G. S. Dombrady. Mainz 1985.
Japanische Gedichte. Einf. und Übers. von Manfred Hausmann. Zürich 1990.
Krusche, Dietrich: Haiku. Japanische Gedichte. München 1994.
Kurth, Julius: Japanische Lyrik aus vierzehn Jahrhunderten. München 1943.
Mackenzie, Lewis: The Autumn Wind. London 1957.
May, Ekkehard / Schönbein, Martina (Hrsg.): Blütenmond. Japanisches Lesebuch 1650–1900. München 1990.
Meili, C.: Le haiku. [o. O.] 1951.
Miyamori, Asatarô: Anthology of Haiku. Tokio 1932.
Revon, Michel: Anthologie de la littérature japonaise. Paris 1910.
Rottauscher, Anna von: Ihr gelben Chrysanthemen. Wien 1939.
– Ritter, Dichter, Frauen, Schelme. Wien 1943.
Sato, Hiroaki / Watson, Burton: From the Country of Eight Islands. An Anthology of Japanese Poetry. New York 1986.
Überschaar, Hans: Bashô und sein Tagebuch Oku no hosomichi. In: Mitteilungen der deutschen Gesellschaft für Natur- und Völkerkunde Ostasiens 29 (1935).
Ueda, Makoto: Bashô and his Interpreters. Selected Hokku with Commentary. Stanford (Cal.) 1991.
Ulenbrook, Jan: Haiku. Wiesbaden 1960.
– Haiku. Bremen 1963.
– Haiku. München 1979.
– Haiku. Neue Folge. München 1985.
– Kirschblüten und wilde Astern. Japanische Haiku. München 1989.
Waley, Arthur: Japanese Poetry. London 1919.
Zolbrod, Leon M.: Haiku Painting. Tokio / New York / San Francisco 1982.

### *Einige Haiku-Vertonungen*

Beckschäfer, Max: »Sogar mein Schatten ist munter«. Nach japanischen Haiku-Gedichten für vierstimmigen gemischten Chor. Augsburg 1994.

Beckschäfer, Max: Japanisches Liederbuch für gemischten Chor. [o. O.] 1989.
Döhl, Friedhelm: Sieben Haiku für Sopran, Flöte und Klavier. Dortmund 1980.
Hendrich, Robert: Liederblätter. 1975–1986. Heidenheim [o. J.].
Korte, Oliver: Wintergesänge für Kammerensemble über acht Haiku. [o. O.] 1992.

## *Weiterführende Literatur*

Adler, Paul / Revon, Michel: Handbuch der japanischen Literatur. Frankfurt a. M. 1926.
– Japanische Literatur. Frankfurt a. M. 1926.
Araki, Tadao (Hrsg.): Deutsch-Japanische Begegnung in Kurzgedichten. München 1972.
Aston, W. G.: A History of Japanese Literature. London 1899.
Bi-Yän-Lu. Meister Yüan-wu's Niederschrift von der Smaragdenen Felswand. 3 Bde. Übertr. und erl. von Wilhelm Gundert. München 1960–73.
Blyth, R. H.: Haiku. 4 Bde. Tokio 1949–52 [u. ö.].
– Japanese Life and Character of Senryu. Tokio 1960.
– Oriental Humor. Tokio 1963.
– A History of Haiku. 2 Bde. Tokio 1969.
Codenhove-Kalergi, Gerolf: Senryu. Zürich 1966.
Dürckheim, Karlfried Graf von: Japan und die Kultur der Stille. München 1949 [u. ö.].
Florenz, Karl: Geschichte der japanischen Literatur. Leipzig 1906.
Hasumi, Toshimitsu: Zen in der Kunst des Dichtens. München/ Bern 1986.
Hesse, Hermann: Zen. [Privatdruck.] St. Gallen 1961.
Higginson, William J.: The Haiku Handbook. How to Write, Share, and Teach Haiku. Tokio / New York / London 1985.
Hiamatsu, S.: The Vocabulary of Japanese Literary Aesthetics. Tokio 1963.
Izutsu, Toshihiko / Izutsu, Toyo: Die Theorie des Schönen in Japan. Beiträge zur klassischen japanischen Ästhetik. Köln 1988.
Kapleau, Philip: Die drei Pfeiler des Zen. Lehre – Übung – Erleuchtung. München/Bern 1979 [u. ö.].
Kato, Shuchi: Geschichte der japanischen Literatur. München 1990.
Keene, Donald: Japanese Literature. London 1953.

Keene, Donald: World within Walls. Japanese Literature of the Premodern Era. 1600–1867. New York 1976.

Krusche, Dietrich: Haiku. Bedingungen einer lyrischen Gattung. Übers. und Essay. Stuttgart 1984.

Miner, Earl / Odagiri, Hiroko / Morrell, Robert E.: The Princeton Companion to Classical Japanese Literature. Princeton (N. J.) 1985.

Suzuki, Daisetz T.: Die große Befreiung. Einführung in den Zen-Buddhismus. Leipzig 1939 [u. ö.].

– Zen und die Kultur Japans. Stuttgart/Berlin 1941 [u. ö.].

– Leben aus Zen. Eine Einführung in den Zen-Buddhismus. Vorw. von Eugen Herrigel. München 1955 [u. ö.].

– Der Weg zur Erleuchtung. Baden-Baden 1957.

Teiko, Inahata: Erste Haiku-Schritte. Eine Fibel. Bearb. und Anm. von Horst Hammitzsch. München 1986.

Ueda, Makoto: Matsuo Bashô. New York 1970 [u. ö.].

Watts, Alan W.: Der Geist des Zen. Basel 1956 [u. ö.].

Yasuda, Kenneth: The Japanese Haiku. Tokio 1957.

Zu den Literaturhinweisen (Haiku) steuerte Dr. Volker Probst, Geschäftsführer des Ernst-Barlach-Museums in Güstrow, einige Titel bei, wofür ich ihm vielmals danke.

# Inhalt

# Orientalische und asiatische Literaturen

IN RECLAMS UNIVERSAL-BIBLIOTHEK


Altägyptische Dichtung. 192 S. UB 9381

Bhagavadgita. Das Lied der Gottheit. 103 S. UB 7874

Ferdausi, Abū'l Qāsem. *Rostam*. Die Legenden aus dem *Šāhnāme*. 405 S. Gebunden

Gedichte aus dem Rig-Veda. 80 S. UB 8930

Geschichten aus Tausendundeiner Nacht. 852 S. Gebunden

Das Gilgamesch-Epos. 127 S. UB 7235

Hafis. *Gedichte aus dem Diwan*. 118 S. UB 9420

Haiku. *Japanische Dreizeiler.* 280 S. UB 9400

Haiku. *Japanische Dreizeiler.* Neue Folge. 143 S. UB 9690

Konfuzius. *Gespräche (Lun-yu).* 216 S. UB 9656

Der Koran. 631 S. UB 4206 (auch geb.)

Lao-tse. *Tao-Tê-King. Das Heilige Buch vom Weg und von der Tugend.* 142 S. UB 6798

Reden des Buddha. 84 S. UB 6245

Rūmī, Dschelāladdīn. *Aus dem Diwan*. 79 S. UB 8911

Ṣaḥīḥ al-Buḫārī. *Nachrichten von Taten und Aussprüchen des Propheten Muhammad.* 512 S. UB 4208

Tanka. *Japanische Fünfzeiler.* 223 S. UB 9611

Upanischaden. *Ausgewählte Stücke.* 101 S. UB 8723

Vātsyāyana, Mallanāga. *Das Kāmasūtra.* 238 S. UB 9781

Die vier edlen Wahrheiten. *Texte des ursprünglichen Buddhismus.* 518 S. UB 3420

Weisheit des Islam. 301 S. UB 18247

Wohlfart, Günter. *Zen und Haiku*. 183 S. Mit 10 Abb. und 18 Kailligr. UB 9647

Philipp Reclam jun. Stuttgart